PHILIPPE DE MASSA

Au Mont Ida

COMÉDIE EN UN ACTE

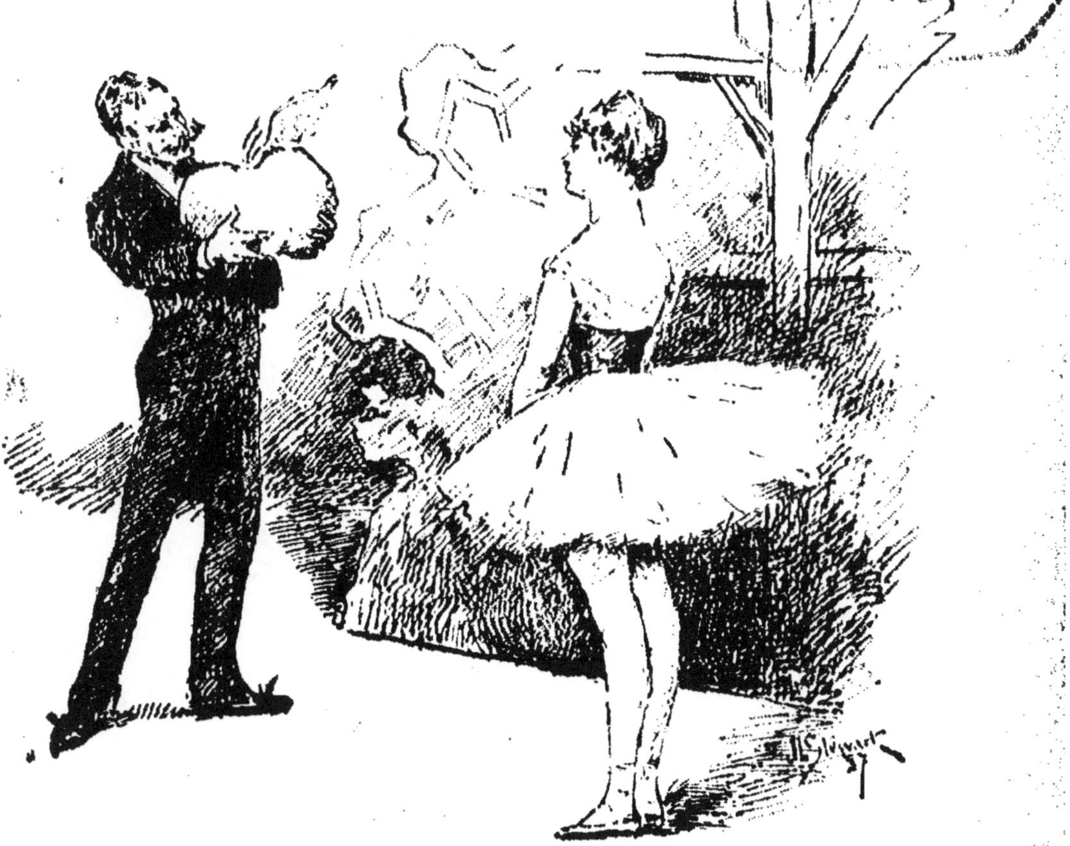

PARIS
PAUL OLLENDORFF, ÉDITEUR
28 *bis*, RUE DE RICHELIEU, 28 *bis*
1887
Droits de reproduction, de traduction et de représentation réservés.

AU MONT IDA

COMÉDIE

Représentée au Palais impérial de Gatchina, le 3 janvier 1887,
et au Cercle de l'Union-Artistique, à Paris, le 9 janvier suivant.

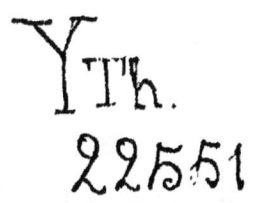

DU MÊME AUTEUR

LA CICATRICE, comédie en un acte.

Il a été tiré 10 exemplaires sur papier de Hollande numérotés à la presse (1 à 10).

IMPRIMERIE GÉNÉRALE DE CHATILLON-SUR-SEINE. — A. PICHAT.

PHILIPPE DE MASSA

AU MONT IDA

COMÉDIE EN UN ACTE

PARIS
PAUL OLLENDORFF, ÉDITEUR
28 *bis*, RUE DE RICHELIEU, 28 *bis*

1887
Tous droits réservés.

PERSONNAGES

Au Cercle de l'Union-Artistique, à Paris :

LA COMTESSE SUZANNE DE VALVINS..................	Mmes MARGUERITE DURAND, de la Comédie-Française.
LA MARQUISE JULIA DE CHARTRETTES...............	MARTHE BRANDÈS, du Vaudeville.
VALENTINE DE PIROGAVA.	MARGUERITE CARON, du Vaudeville.

Au Palais de Gatchina :

LA COMTESSE SUZANNE DE VALVINS...............	Mmes ALICE LODY.	⎫ du
LA MARQUISE JULIA DE CHARTRETTES.........	JEANNE BRINDEAU.	⎬ Théâtre-Michel à
VALENTINE DE PIROGAVA.....................	LINA MUNTE.	⎭ St-Pétersbourg.

La scène est à la campagne, à quelques lieues de Paris, chez la marquise de Chartrettes.

AU MONT IDA

Le théâtre représente un élégant salon de campagne, avec une large fenêtre au fond, ouvrant sur un balcon. — Deux portes latérales à doubles battants en pans coupés. — Au second plan, à gauche, une glace sans tain laisse apercevoir les boiseries éclairées du hall; au premier plan à gauche, un canapé. — Au milieu du théâtre une table de bésigue, également au premier plan. — Au premier plan, à droite, un piano soigneusement drapé et placé obliquement. — Lampes allumées. — Jardinières garnies de fleurs, etc. Au fond, un guéridon, avec deux petits bougeoirs à main ; sur la table de bésigue un candélabre à deux branches avec deux petits abat-jour.

SCÈNE PREMIÈRE

SUZANNE, au piano ; JULIA et VALENTINE,
attablées au bésigue.

SUZANNE, s'accompagnant et chantant.

« *Au mont Ida trois déesses*
» *Se querellaient dans un bois ;*

» *Quelle est, disaient ces princesses,*
» *La plus belle de nous trois ?* » [*]

JULIA.

La plus belle, c'est Valentine.

VALENTINE.

Moi? Allons donc! La plus belle, c'est Julia, n'est-ce pas, Suzanne?

SUZANNE.

Parfaitement, c'est Julia.

JULIA.

C'est parce que vous êtes chez moi, à la campagne, que vous vous croyez obligées de me dire cela?...

SUZANNE.

Pas du tout, — à Paris aussi, la plus belle, la plus fière et la plus sage, c'est Julia.

VALENTINE.

C'est Julia ! Quarante de bésigue.

JULIA.

Diable! Vénus, Junon et Minerve tout à la fois, c'est beaucoup pour une femme seule... Va pour Minerve, mais partagez-vous au moins les deux autres rôles... — Je marque vingt.

SUZANNE.

Et moi je continue l'allégorie :

« *Dans ce bois passe un jeune homme,*
» *Un jeune homme frais et beau...* »

---

[*] Paroles de MM. Henri Meilhac et Ludovic Halévy, musique d'Offenbach. (*La Belle-Hélène*, acte I, scène VII.)

SCÈNE PREMIÈRE

JULIA, interrompant.

M. de Montlouis, n'est-ce pas ?

SUZANNE.

Parbleu !

JULIA.

En ce cas « jeune homme » est peut-être un peu exagéré.

VALENTINE.

Oui mais « frais et beau » c'est incontestable. Je marque cinq cents.

JULIA.

Veinarde !... Continue donc ta chanson, Suzanne.

SUZANNE.

Si vous croyez que c'est commode de chanter quand vous m'interrompez à chaque instant ?

VALENTINE.

Il faut pourtant bien annoncer ses points : deux cent cinquante.

JULIA.

Encore !

SUZANNE, reprenant l'air.

Je recommence...

 « *Dans ce bois passe un jeune homme,*
 » *Un jeune homme frais et beau,*
 » *Sa main tenait une pomme,*
 » *Vous voyez bien le tableau...* »

JULIA, interrompant.

Certainement que nous voyons le tableau... A cela

près que les trois déesses sont ici plus convenablement vêtues que n'étaient celles de la Fable...

VALENTINE.

Et que le berger Pâris est en habit noir, dans le hall à côté, où il achève de fumer son cigare en mûrissant, au milieu d'un nuage, le jugement qu'il est appelé à prononcer...

SUZANNE.

Raison de plus pour l'hypnotiser d'ici par mes chants de sirène :

Suite de l'air.

« *Ohé ! la hé ! beau jeune homme,*
» *Beau jeune homme, arrêtez-vous,*
» *Et veuillez donner la pomme*
» *A la plus belle de nous.*
» *Evohé ! que ces princesses,*
» *Pour enjôler les garçons,*
» *Evohé ! que ces déesses*
» *Ont de drôles de façons ! »*

JULIA.

Oh! ça, c'est bien vrai !

SUZANNE, se retournant vivement sur son tabouret.

Comment! c'est bien vrai?

VALENTINE.

Certainement. Si tu crois que tantôt à la chasse, avant les trois dernières battues... pendant le goûter des tireurs... on n'a pas remarqué combien d'avances tu as faites à M. de Montlouis?

SCÈNE PREMIÈRE

SUZANNE, se levant et traversant derrière les deux joueuses.

Combien d'avances?...

JULIA, marquant ses points.

Cent cinquante.

SUZANNE, riant *.

Ah! pas tant que ça!

VALENTINE, sans discontinuer de manier les cartes.

Cent cinquante, c'est peut-être beaucoup dire, mais enfin assez pour que tout le monde ait eu le temps de s'en apercevoir.

SUZANNE, à Valentine.

Eh bien, et toi?

VALENTINE.

Comment, moi?...

SUZANNE.

Oui, toi! Toi que Julia a eu la faiblesse de placer à table à côté de lui pendant le dîner... Lui as-tu fait assez d'agaceries? C'en était révoltant, ma chère!

VALENTINE.

Moi, je suis dans mon droit... une veuve...

SUZANNE, debout à gauche, pendant que les deux autres continuent à jouer.

Tandis que moi je ne suis qu'une femme séparée, n'est-ce pas? Comment donc! Voilà quatre ans que mon mari m'a lâchée pour vivre publiquement avec une écuyère; et je devrais, nouvelle Pénélope, faire et défaire ma tapisserie jusqu'à ce que mon Ulysse d'Hippodrome daignât enfin rentrer, ankylosé et décrépit,

* Suzanne, Julia, Valentine.

dans l'alcôve légitime? Ma foi, non! J'en ai assez d'édifier les douairières du spectacle de mes vertus. M. de Montlouis me plaît, c'est l'homme à la mode... et, puisque nous en avons fait notre berger Pâris, je m'inscris carrément à côté de vous deux dans le concours du Mont Ida. (A Julia.) Marque donc ton cent d'as, malheureuse!

JULIA, se levant.

Ce n'est pas la peine, je suis rubiconnée en plein.

VALENTINE, montrant sa marque.

De cinq mille points, ma chère... Si tu veux ta revanche?

JULIA.

Merci, j'en ai assez de perdre toujours.

VALENTINE, se levant à son tour.

Malheureuse au jeu, heureuse en amour! C'est toi qui gagneras la pomme.

JULIA.

Alors tant pis pour M. de Montlouis! car je serai obligée de lui déclarer forfait... Grignoter quelques pépins en passant, je ne dis pas, mais croquer entièrement la pomme avec lui, jamais!

SUZANNE.

C'est prendre bien au sérieux ton rôle de Minerve...

VALENTINE.

Ou désavouer bien sévèrement notre grand'mère à toutes...

JULIA.

Ah! voilà! c'est que je ne suis pas tout à fait comme les autres femmes, moi.

SCÈNE PREMIÈRE

SUZANNE.

Un phénomène? Conte-nous donc ça...

VALENTINE, se rapprochant *.

Oh! oui, conte-nous ça!...

JULIA.

Devant Suzanne qui n'a rien à regretter, ça n'a pas d'importance, mais devant toi, Valentine, qui as peut-être été heureuse dans ton ménage?...

VALENTINE.

Oh! il a duré si peu de temps que je n'ai pas eu le loisir d'accumuler bien des regrets... et puis, vous le savez toutes les deux... M. de Pirocava, mon mari, était riche, mais fort laid... Il appartenait à cette race bronzée d'Américains du Sud qui avoisinent la Terre de Feu...

SUZANNE.

Presque des singes!

VALENTINE.

Presque des singes, comme tu dis, mais des singes de l'espèce la plus rare, puisque le mien m'a laissé douze millions pour me consoler de sa perte...

SUZANNE.

Tu vois donc bien que tu peux nous dire ton secret en toute confiance, Julia!

JULIA.

Eh bien, voilà : j'aime... mon mari!

VALENTINE.

Pas possible?

* Suzanne, Julia, Valentine.

SUZANNE.

Tu n'es pas honteuse de crier ça tout haut?

JULIA.

D'abord, personne ne nous entend... et puis ensuite permettez-moi de plaider les circonstances atténuantes.... (Elles s'asseyent toutes les trois *.) Vous connaissez mes débuts. Un mariage de raison, handicapé sur le poids de deux dots; autrement dit un match sans entraînement préalable et par conséquent sans intérêt pour les parieurs : M. le marquis de Chartrettes, gentilhomme campagnard et taciturne, contre mademoiselle Julia de Prérolles, fille noble et de nature artistique. Dès le principe, échange de concessions mutuelles; monsieur, vivant de préférence dans sa terre; madame, en résidence fixe à Paris. Au bout d'un an, mon nom figurait en tête de toutes les bonnes œuvres, et, comme toute femme qui se respecte, j'avais trié sur le volet les adorateurs admis à briller dans mon salon...

VALENTINE.

D'abord un compositeur émérite...

SUZANNE.

De l'école la plus Wagnérienne?

JULIA.

Bien entendu!

SUZANNE.

Ensuite, un savant antiquaire...

* Suzanne et Julia, sur le canapé, Valentine sur une chaise, entre le canapé et la table de bésigue.

VALENTINE.

Quelques gentilshommes de lettres...

JULIA.

Et deux académiciens... un jeune et un vieux... amoureux fous de moi, et, par cela même, d'autant plus jaloux l'un de l'autre !

SUZANNE.

Lesquels ?

JULIA.

Ça, je ne le dirai pas!... Bref, nous faisions beaucoup de musique moderne... on me guidait dans mes acquisitions de tableaux anciens... et tout ce qui se publie de plus capiteux dans la littérature actuelle était chez moi passé au crible, tantôt porté aux nues par l'académicien jeune...

SUZANNE.

Tantôt jeté à la voirie par l'académicien vieux. Tout le monde voit ça d'ici. Continue.

JULIA.

Un soir, que toute ma cour était réunie au grand complet, la porte s'ouvre, et mon mari, que je croyais à la chasse, entre tout à coup dans le salon sans crier gare.

VALENTINE.

Comme tous les empêcheurs de danser en rond...

SUZANNE.

Naturellement, ça jette un froid?

JULIA.

Tu penses!...

VALENTINE.

Et alors?

JULIA.

— « Que ce ne soit pas moi qui vous dérange, messieurs, » dit-il avec aisance... « et, s'il faut absolument vous donner l'exemple » ajoute-t-il en s'approchant du piano...

SUZANNE.

Comment? pour chanter?

JULIA.

L'air des Myrtes, ma chère! Avec une voix de baryton que je ne lui soupçonnais pas et une maestria à rendre des points à Faure lui-même. Dix minutes après, on se met à parler peinture, et voilà cet homme — qu'on croyait exclusivement voué à l'élevage du faisan — qui va droit à une tête de Greuze achetée la veille, et prouve clair comme le jour qu'on m'avait fait payer 30 000 francs un simple Trouillebert! Enfin, minuit n'avait pas sonné, qu'il avait collé à plat mes deux académiciens sur les origines de la littérature persane, dont ceux-ci ne connaissaient l'histoire que par les lettres de Montesquieu!

SUZANNE.

Alors, ils ne sont plus jamais revenus?

JULIA.

Je t'en réponds. Envolés, comme deux coqs de bruyère, pour aller s'abattre plus loin, aux pieds d'une autre Égérie qui les agrainait depuis longtemps

VALENTINE.

Si bien qu'à partir de ce soir-là?

SCÈNE PREMIÈRE

JULIA.

J'ai été à même de constater combien l'homme que j'avais épousé était supérieur en tout ! (Elle se lève et passe un instant à droite.) Voilà pourquoi j'aime mon mari et pourquoi maintenant je reste volontiers avec lui à la campagne, même pendant l'hiver. Par conséquent, vous voyez donc bien que je ne saurais être une concurrente redoutable et que je ne vous disputerai la pomme que bien faiblement... tout juste pour ne pas disqualifier mes couleurs. La preuve, c'est que je vais aller faire un tour au fumoir, d'où je m'engage à vous envoyer moi-même le berger Pâris !

Elle se dirige vers la porte latérale de gauche en passant derrière la table de bésigue.

SUZANNE, se levant.

Tu le jures ?

JULIA.

J'en fais serment !

VALENTINE, se levant et passant à droite pour démasquer la sortie de Julie.

Songe que c'est le serment du jeu de *Pomme !*

JULIA.

Un calembour ? Prends garde ! ça porte malheur ! A tout à l'heure.

Elle sort par la porte de gauche.

SCÈNE II

SUZANNE, VALENTINE.

VALENTINE, près du piano*.

Dis donc, Suzanne, crois-tu vraiment que Julia soit de bonne foi, et qu'elle n'aille pas précisément au fumoir pour tâcher de prendre la corde sur nous ?

SUZANNE.

Que veux-tu que je te dise ? Avec les femmes, on ne sait jamais !

Elle s'approche de la glace sans tain qui se trouve derrière le canapé.

VALENTINE.

C'est bien vrai... avec les hommes au moins, il y a une garantie. La plupart ont été militaires, et quand ils ont donné leur parole...

SUZANNE, regardant par la glace sans tain.

Ils se croient quelquefois obligés de la tenir... Ah ! voici Julia qui traverse le hall et pique droit sur M. de Montlouis, lequel se lève avec empressement à son approche.

VALENTINE.

Preuve que c'est un homme bien élevé. A sa place, j'en connais de bien plus jeunes qui ne se seraient certainement pas dérangés!

* Suzanne, Valentine.

SCÈNE DEUXIÈME

SUZANNE.

Allons ! bon !...

VALENTINE, se rapprochant vivement du canapé à gauche.

Quoi donc ?

SUZANNE.

Voilà M. de Chartrettes qui lui offre un second cigare... Nous en avons encore pour une demi-heure... c'est navrant !

Elle passe derrière la table de bésigue et se dirige vers le piano.

VALENTINE.

Si nous y allions nous-mêmes? Nous saurions plus vite à quoi nous en tenir.

SUZANNE, l'arrêtant d'un geste.

Toutes les trois ensemble? C'est pour le coup qu'il croirait que nous lui faisons des avances... et je ne suis pas veuve comme toi, moi, malheureusement !

VALENTINE, s'asseyant sur le canapé.

Alors, attendons.

SUZANNE.

Attendons.

Elle s'accompagne debout au piano.

« *La troisième, la troisième,*
» *La troisième ne dit rien.*
» *Elle eut le prix tout de même,*
» *Calchas vous...*

VALENTINE, interrompant.

Mais au fait, dis donc, je pense à une chose.

SUZANNE, se retournant vers elle.

Laquelle?

VALENTINE.

Si nous nous étions trompées, et si ce n'était pas à l'une de nous trois que M. de Montlouis fût disposé à offrir le fruit défendu?

SUZANNE, haussant les épaules.

Quelle bêtise!... Puisqu'il n'y a pas d'autres femmes que nous au château. (Redescendant.) Et puis, tu ne connais pas les habitudes des grands fusils de Paris, toi? Quand les grands fusils se dérangent pour tuer beaucoup de gibier, c'est à la condition qu'on ne les obligera pas à passer la soirée pour faire de frais avec les dames, et qu'on les ramènera à la gare assez à temps pour rentrer dîner au Club... Donc quand, par hasard, un grand fusil consent à rester après la chasse, c'est qu'il est retenu par un autre gibier non catalogué au tableau.

VALENTINE, se levant et descendant vers Suzanne.

Ce que les gardes-chefs appellent un « divers » ?

SUZANNE.

Précisément. Par conséquent, pour M. de Montlouis, le « divers » c'est toi, moi ou Julia.

VALENTINE, très caressante.

Alors, écoute, ma petite Suzanne. Veux-tu me permettre de te parler à cœur ouvert?... Eh bien, vrai, là, le veuvage me pèse!

SUZANNE, la regardant fixement.

Si tu crois que mon carême prolongé ne me fait pas le même effet?

VALENTINE.

Toi, c'est la fatalité... tu es une victime.

SUZANNE.

Tu peux dire une martyre... la martyre du high-life! Attendu que si je profitais de la loi du divorce, qui est une loi antireligieuse, je serais sûre d'avance de ne pas être invitée aux bals de la Cour.

VALENTINE.

Où ça, les bals de la Cour?

SUZANNE.

Ceux de la prochaine Restauration, où l'on sera très collet monté.

VALENTINE.

Raison de plus pour rester comme tu es. Car enfin ton mari a beau se galvauder avec une écuyère qui saute tous les soirs à travers des cerceaux de papier, tu n'en es pas moins la comtesse de Valvins: un nom qui sonne bien à l'oreille, tandis que le mien sent la canne à sucre d'une lieue. Le soir, quand je vais dans le monde et que l'aboyeur crie dans le porte-voix: — « Les gens de Madame de Pirocava », tous les valets de pied se tordent de rire sur leurs banquettes et poursuivent le mien de leurs quolibets!

SUZANNE.

De sorte que tu grilles d'envie de te remarier, pour améliorer ta situation dans le monde?

VALENTINE.

Il me semble qu'avec douze millions de fortune....

SUZANNE.

Hé ! hé ! par le temps qui court, ce n'est pas un parti énorme, surtout si tu as la prétention d'épouser un prince ?

VALENTINE.

Certainement, puisque j'en ai déjà refusé deux.

SUZANNE.

Deux vrais ?

VALENTINE.

Authentiques, ma chère ; un vieux et un jeune. Le premier parce qu'il était trop perclus de rhumatismes, et le second, parce qu'il était trop criblé de dettes...

SUZANNE.

Il fallait les lui payer... avec douze millions !

VALENTINE.

J'y ai bien songé ; mais, après avoir été aux renseignements, mon homme d'affaires a calculé que si on soldait intégralement tous les créanciers, il ne nous resterait même pas de quoi avoir un fiacre au mois. Cette perspective m'a fait rabattre un peu de mes prétentions et si tu voulais seulement me céder M. de Montlouis...

SUZANNE, passant à gauche.

Jamais de la vie !

VALENTINE.

Mais puisqu'il ne peut pas t'épouser ?

SUZANNE.

Peu importe ! Nous fuirons ensemble, dans une autre patrie, cacher notre bonheur, comme dans la *Favorite*.

SCÈNE DEUXIÈME

VALENTINE.

Et si ce n'est pas toi, la favorite ?

SUZANNE.

Alors ce sera toi, puisque Julia se désintéresse à peu près de la lutte.... Mais moi, je ne déserterai pas le terrain et je prétends courir toutes mes chances.

VALENTINE.

Eh bien ! ces chances... je te les achète !

SUZANNE.

Rastaquouère, va !... Combien ?

VALENTINE.

Ce que tu voudras, argent comptant. J'ai mon carnet de chèques dans ma poche.

SUZANNE.

A moins d'être commissaire-priseur, l'estimation de l'objet est assez difficile à faire..... Voyons... laisse-moi encore un peu le regarder dans la glace... Allons, bon !... Justement il tourne le dos... un dos superbe, du reste, orné de deux larges épaules, l'encolure solide, les cheveux un peu crépus...

VALENTINE, avec conviction.

Oui, sur la côte de Guinée, il vaudrait bien son pesant d'or !

SUZANNE.

Tiens, mais au fait, c'est vrai, — c'est la traite des nègres que tu me proposes là, misérable !

VALENTINE, avec irritation.

Autrement dit, tu ne veux pas me le vendre ?

SUZANNE.

Ah! çà, tu l'aimes donc sérieusement?

VALENTINE, avec feu.

Hé! je n'en sais rien!... Mais ces indécisions, cette rivalité, ces lenteurs, l'idée... l'idée surtout qu'il puisse te préférer à moi, tout cela me donne le vertige, agit sur mes nerfs, et il faut en finir à tout prix.

Elle marche avec agitation vers le fond du théâtre et redescend de même.

SUZANNE, passant à droite, et très nerveuse aussi.

Ah! c'est comme ça?... Eh bien! moi aussi, j'ai mal aux nerfs... Les confidences de Julia... son bonheur domestique... l'idée... l'idée surtout que toi aussi tu pourrais être heureuse avec M. de Montlouis à mes yeux et à mon nez, tout cela m'agace, m'horripile, et il faut en finir à tout prix. (Poussant un cri d'inspiration.) Ah! j'ai un moyen!...

VALENTINE, d'un ton mélodramatique.

Vite, lequel?

SUZANNE.

Tout à l'heure, tu me proposais — n'est-ce pas? — de te vendre lâchement ma renonciation à l'homme que nous aimons... car nous l'aimons, cet homme, c'est indubitable?

VALENTINE, avec éclat.

Oh! oui, nous l'aimons!

SUZANNE.

Eh bien, moi, dans mon bon droit j'ai confiance, et je t'offre d'en appeler entre nous à la justice de Dieu.

SCÈNE DEUXIÈME

VALENTINE.

Un duel à mort? Je demande à réfléchir.

SUZANNE.

Mais non... Un duel sans effusion de sang. (D'un ton solennel.) Voici une table et des cartes : je te joue M. de Montlouis au jeu que tu choisiras.

VALENTINE.

Oh! mais c'est un trait de génie. (A part, allant chercher une chaise.) Avec la veine que j'ai habituellement, je suis sûre de mon affaire... J'accepte !

Elle s'assied à la table, du côté gauche.

SUZANNE, s'asseyant du côté droit.

Tes armes?

VALENTINE.

L'écarté, c'est plus vite fait.

SUZANNE, gravement.

En cinq points alors?

VALENTINE.

En cinq sec, comme au régiment.

SUZANNE.

Ça va, coupe.

VALENTINE.

Voilà, et tâche de ne pas faire maldonne !

SUZANNE, sèchement.

Faire maldonne? Tu me prends donc pour une infirme?... Allons, leste, c'est à toi de parler. Tu ne demandes pas d'autres cartes?

VALENTINE.

Je m'en garderai bien, ça nous retarderait... Qu'est-ce qu'il retourne?

SUZANNE.

Cœur.

VALENTINE.

Cœur? Je marque le roi.

SUZANNE.

Moi aussi.

Les deux femmes s'arrêtent et se regardent face à face avec stupéfaction.

VALENTINE.

Comment! toi aussi?... Le roi de cœur?

SUZANNE.

Certainement. Je pourrais même en marquer un de plus, car je m'en suis donné deux... Tiens.

Elle montre son jeu.

VALENTINE, se levant.

Et c'est cela que tu appelles une partie loyale? Avec des portées de rois toutes préparées dans tes manches?

SUZANNE, compulsant toutes les cartes qui sont sur la table.

Mais pas du tout, tu vois bien que c'est toi qui me fais jouer l'écarté avec quatre jeux de bésigue!

VALENTINE.

C'est vrai, je te demande pardon, remanions vite les cartes...

SUZANNE, envoyant promener les cartes en l'air.

Ah bien! flûte, par exemple!... C'est pour le coup que nous n'en finirions pas!... (D'un ton tragique.) Mais qu'il vienne, cet homme, qu'il vienne donc, à la fin des fins! Son second cigare doit être éteint depuis longtemps... et à moins qu'il n'en ait rallumé un troisième...

Elle remonte.

VALENTINE, *levant les mains au ciel.*

Comme elle l'aime, mon Dieu, comme elle l'aime* !

SUZANNE, *s'approchant de la fenêtre du fond et changeant de ton.*

Tiens? Une voiture vient de s'arrêter devant le perron.

VALENTINE, *reprenant aussi le ton naturel.*

Une visite à cette heure-ci, c'est invraisemblable. C'est plutôt un départ pour la gare.

SUZANNE, *redescendant.*

Non, parce qu'en pareil cas, on attelle toujours des postières, et j'ai parfaitement reconnu, à la lueur des lanternes, les deux cobs alezans de Julia.

VALENTINE.

Ses deux cobs à elle ? (*Poussant un grand cri.*) Ah! mon Dieu!

SUZANNE.

Tu me fais peur!

VALENTINE, *avec éclat.*

Si c'était...

SUZANNE, *de même.*

Un enlèvement?

VALENTINE.

Dame! Si, comme je l'ai toujours pensé, Julia n'était qu'une fausse Minerve?

* Suzanne, au fond à gauche ; Valentine, descendant à droite.

SUZANNE, très agitée.

Oui, tu avais peut-être raison...

VALENTINE.

Si, pendant que nous nous disputions ici, l'homme que nous adorons... car nous l'adorons, n'est-ce pas, cet homme?...

SUZANNE, avec exaltation.

Oh! oui, nous l'adorons!...

VALENTINE.

Si elle avait profité de notre absence pour se faire adjuger la pomme et fuir avec lui!...

SUZANNE, courant à la fenêtre.

Dans une autre patrie?... Plus de doute, voici M. de Montlouis qui monte dans la voiture.

VALENTINE, avec force.

Avec elle?

SUZANNE, avec un soupir de soulagement.

Non, seul!

Elle redescend et se tient debout à la table, du côté gauche, en face de Valentine.

VALENTINE, debout et appuyée à la table, du côté droit.

Européenne que tu es, tu ne comprends donc pas que c'est une frime? Que la tigresse a pris les devants à pied dans les jungles, et qu'elle bondira à côté de lui au coin du premier bois?

SUZANNE.

Oh! mais il ne faut pas permettre qu'on se joue ainsi de nous. (Levant les bras en l'air.) Cocher!

VALENTINE, de même.

Cocher*!...

 Elles courent précipitamment à la fenêtre et l'ouvrent en agitant leurs mouchoirs.

SCÈNE III

Les Mêmes, JULIA.

JULIA, entrant et restant sur le seuil de la porte à gauche.

Hé bien! qu'est-ce qu'il se passe donc par ici? La croisée ouverte à dix heures du soir dans cette saison? (Les deux femmes se retournent brusquement, comme deux écolières surprises, et démasquent la fenêtre, mais en restant au fond.) Ah çà! êtes-vous folles?

SUZANNE, avec embarras.

Comment! c'est toi?

JULIA.

Certainement, c'est moi.

VALENTINE, redescendant un peu à droite.

Ah bien! par exemple, nous ne nous attendions guère à te revoir aujourd'hui!

JULIA.

Je n'ai cependant pas l'habitude de remonter sans vous dire bonsoir... Mais, encore une fois, pourquoi cet air ahuri et cette croisée ouverte?

* Suzanne, Valentine.

SUZANNE.

Je vais t'expliquer. D'abord on a fumé beaucoup de cigares ce soir dans le hall à côté...

VALENTINE, redescendant encore.

Et puis, en voyant le berger Pâris monter dans ta propre voiture...

JULIA, redescendant aussi et se plaçant au milieu, devant la table de bésigue.

Vous avez cru que Minerve voulait l'escamoter, ou du moins le soustraire à vos enchantements?

SUZANNE, qui est redescendue aussi à gauche.

Dame! mets-toi à notre place.

JULIA.

Même après la confidence que je vous ai faite? (Suzanne et Valentine font un geste de doute.) Etes-vous assez femmes, allez!

VALENTINE.

Cependant, comment justifies-tu ce brusque départ de M. de Montlouis avant qu'il ait eu le temps de faire son pronunciamiento?

JULIA.

Cette justification, je la produirai tout à l'heure. Sachez d'abord que selon ma promesse j'ai fait tout au monde pour le retenir; que j'étais même allée jusqu'à invoquer mon titre de patronnesse de l'Hospitalité de Nuit pour l'engager à coucher ici, quand tout à coup on est venu lui remettre une dépêche urgente envoyée par exprès. Dès qu'il en eut pris connaissance, il est devenu très pâle et m'a suppliée de le faire conduire tout de suite au dernier train, ajoutant que sa tante était mourante et qu'il lui fallait à tout prix être à

Paris avant minuit. Voilà pourquoi je lui ai donné mes trotteurs alezans.

SUZANNE.

C'est égal, partir sans même prendre congé de nous...

VALENTINE.

J'avoue que ça continue à me paraître un peu raide.

JULIA.

Quant à la pièce justificative, c'est-à-dire la dépêche, comme, dans la précipitation de son départ, le fuyard l'avait laissé tomber à terre, je l'ai ramassée et mise en lieu sûr; c'est-à-dire dans le tiroir particulier où mademoiselle d'Hautefort dissimulait, au nez du roi Louis XIII, les télégrammes bleus qu'elle recevait dans ce temps-là. Cette pièce à conviction, la voici : (Elle tire le télégramme de son corsage, Valentine et Suzanne veulent lui arracher le papier.) Pardon! Un peu de patience. (Lisant l'adresse.) « Comte de Montlouis, château de » Chartrettes, par Bois-le-Roi, Seine-et-Marne. Exprès » richement payé. » Voilà pour l'adresse, si vous voulez vérifier?

SUZANNE.

C'est inutile, nous nous en rapportons...

VALENTINE.

Oui, lis-nous le contenu...

JULIA.

Le voici: « Apprenant que le château de Chartrettes » est rempli de femmes du monde à qui tu fais la » cour... »

VALENTINE.

Eh bien, où est le mal?

SUZANNE.

En voilà une vieille bégueule !

JULIA.

« J'exige que tu reviennes coucher à Paris. »

SUZANNE.

Elle croit donc que nous allons le retenir de force ?

VALENTINE.

Quelle drôle de tante !

JULIA.

« Réfléchis bien ! Si tu ne viens pas me chercher ce
» soir après que j'aurai fini de danser... »

VALENTINE.

Comment, elle est mourante et elle danse ?

SUZANNE.

La danse de saint Guy, probablement !

JULIA.

Attendez, voici l'explication : « Si tu ne viens pas
» me chercher ce soir après que j'aurai fini de danser
» dans Coppélia, c'est le baron qui me reconduira chez
» moi et une fois qu'il m'y aura reconduite, il n'en
» ressortira plus jamais. Signé : Pontchartrain. » Sa
tante, c'est mademoiselle Pontchartrain de l'Opéra...
Etes-vous fixées maintenant ?

Elle remonte, et, pendant les répliques suivantes, allume et tend successivement un bougeoir à chacune de ses deux amies.

SUZANNE, tristement.

Parfaitement. Enfoncées les trois déesses !

SCÈNE TROISIÈME

VALENTINE, de même.

Hélas! oui, le berger Pâris est retourné à ses brebis.

SUZANNE.

Ça te fait quelque chose?

VALENTINE.

A moi? Rien du tout. Du moment que ce n'est pas une de vous deux qu'il me préfère, je me moque pas mal de la quatrième.

SUZANNE.

Et moi donc! D'ailleurs, sauteuse pour sauteuse, j'aime encore mieux celle de mon mari. Au moins la sienne sert dans la cavalerie. Décidément j'attendrai le retour d'Ulysse.

JULIA, lui tendant un bougeoir.

Et tu auras raison. Tiens, vestale !

SUZANNE, sèchement.

Merci.

VALENTINE.

Quant à moi, j'épouserai le vieux prince.

SUZANNE.

Malgré ses rhumatismes?...

VALENTINE.

C'est ma femme de chambre qui le frictionnera! (A Julia qui lui remet un bougeoir.) Merci.

JULIA.

Et maintenant, mes chères amies, bonsoir. Avez-vous bien l'une et l'autre tout ce qu'il vous faut pour la nuit?...

SUZANNE, son bougeoir à la main.

Ah ! pas d'ironie, n'est-ce pas ?

VALENTINE, de même, à Julia.

Sainte nitouche !

JULIA.

Pourquoi sainte nitouche ?

SUZANNE.

Dame ! N'es-tu pas la plus heureuse des trois ? Tu n'as pas obtenu la pomme, c'est vrai ; mais, au moins à toi, il te reste une poire pour la soif.

FIN

Imprimerie générale de Châtillon-sur-Seine. — A. Pichat.

Librairie PAUL OLLENDORFF, 28 bis, rue de Richelieu.
— PARIS —

LE FILS DE PORTHOS, drame en cinq actes et quatorze tableaux, par Émile Blavet (Ambigu-Comique), in-18. . . . . 2 »

LES FILS DE JAHEL, drame en cinq actes en vers dont un prologue, par Simone Arnaud (Odéon), in-18 3 50

« ALLÔ! ALLÔ! » comédie en un acte, par Pierre Valdagne (Vaudeville), in-18 . . . . 1 50

LA MAISON DES DEUX BARBEAUX, comédie en 3 actes, par A. Theuriet et H. Lyon (Odéon) in-18 . . . 2 fr.

TROP VERTS! proverbe en un acte, en vers, par Marcel Ballot, in-18. 1 50

DANS UNE LOGE, comédie en un acte, par Ludovic Denis de Lagarde (Déjazet), in-18. . . . . 1 50

ENTRE AMIS, comédie en un acte, par Ludovic Denis de Lagarde (Gymnase), in-18. . . . . . 2 fr.

LE MARIAGE A LA COURSE, saynète en un acte, par Pierre Decourcelle, in-18 . . . . 1 »

MON FILS, pièce en trois actes, en vers, par Émile Guiard (Odéon), in-8 . . . . 3 50

LES NOCES DE MADEMOISELLE LORIQUET, comédie en trois actes, par E. Grenet-Dancourt (Cluny), in-18. 2 fr.

LE PÈRE DE MARTIAL, comédie en 4 actes, par Albert Delpit (Gymnase), in-18 . . . . 2 fr.

LE FILS DE CORALIE, comédie en quatre actes, en prose, par Albert Delpit (Gymnase), in-18. . 2 fr.

LES FEMMES COLLANTES, comédie-bouffe en cinq actes, par Léon Gandillot (Théâtre-Déjazet), in-18. 1 50

PRÊTE-MOI TA FEMME, comédie en deux actes en prose, par Maurice Desvallières (Palais-Royal), le 10 septembre 1883, in-18 . . . 1 50

LE PRÉTEXTE, comédie en un acte, en prose, par Jules Legoux, (Vaudeville), in-18. . . . . . . 1 50

SERGE PANINE, pièce en cinq actes, par Georges Ohnet (Gymnase), in-18 . . . . 2 fr.

LE MAITRE DE FORGES, pièce en quatre actes et cinq tableaux par Georges Ohnet (Gymnase), in-18. 2 fr.

SMILIS, drame en quatre actes, en prose, par Jean Aicard (Comédie-Française), in-18. . 2 fr.

UN CRANE SOUS UNE TEMPÊTE, saynète par Abraham Dreyfus (Gaîté), 2e édition, in-18 . . . . 1 fr.

L'ASSASSIN, comédie en un acte, par Edmond About (Gymnase), in-18 1 50

UNE MATINÉE DE CONTRAT, comédie en un acte, par Maurice Desvallières (Comédie-Française). . . 1 50

L'HÉRITIÈRE, comédie en un acte, en prose, par E. Moraud (Comédie-Française), in-18. . . . . 1 50

UN FÉTICHE, comédie en un acte, par Eugène Hugot, (Palais-Royal), in-18 . . . . 1 50

LES DEUX PIGEONS, ballet en trois actes, d'après la fable de La Fontaine par Henri Régnier et Louis Mérante, musique de André Messager (Opéra), in-18 . . . . 1 50

A L'ESSAI, comédie en un acte, par A. Cahen et G. Sujol (Fantaisies-Parisiennes), in-18. . . . . . 1 50

BIGOUDIS, comédie en un acte d'Ernest d'Hervilly (Gymnase), in-18 . 1 50

LA BONNE AVENTURE, opéra-bouffe en trois actes, par Émile de Najac et Henri Bocage, musique d'Émile Jonas (Renaissance), in-18. . 2 fr.

LES CONVICTIONS DE PAPA, comédie en un acte, par E. Gondinet (Palais-Royal et Gymnase), in-18. . 1 50

DIVORCÉS! comédie en un acte et en vers, par L. Cressonnois et Ch. Samson, in-18 . . . . 1 fr.

DIVORÇONS-NOUS? comédie en un acte, par E. Grenet-Dancourt (Cluny), in-18 . . . . 1 fr.

POUR DIVORCER, comédie en un acte, par Victor Dubron, in-18 . . 1 50

LA FEMME, saynète en un acte, par E. Grenet-Dancourt (Palais-Royal), in-18. . . . . 1 fr.

LA GIFLE, comédie en un acte, par Abraham Dreyfus (Palais-Royal), in-18. . . . . 1 50

HAMLET, drame en vers, en cinq actes et onze tableaux, d'après William Shakespeare, par MM. Lucien Cressonnois et Ch. Samson (Porte-Saint-Martin). In-18 . . . 2 fr.

LE CERCLE, OU LA SOIRÉE A LA MODE, comédie épisodique en un acte, par Poinsinet (Comédie-Française) in-18. . . . . 2 fr.

THÉÂTRE DE JEUNES FILLES, par A. Carcassonne, in-18 . . . . 3 50

IMPRIMERIE GÉNÉRALE DE CHATILLON-SUR-SEINE. — A. PICHAT.